AF305871

VENTE

Du Mercredi 7 Mars 1900

HOTEL DROUOT — SALLE N° 7

COLLECTION R***

OEuvres Importantes

de

F. ROPS

AQUARELLES — DESSINS

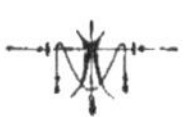

Me Maurice DELESTRE, Commissaire-Priseur
Rue Saint-Georges, 5

M. L. MOLINE, Expert
Rue Laffitte, 20

EXPOSITIONS :

PARTICULIÈRE	PUBLIQUE
Le Mardi 6 Mars	Le Mercredi 7 Mars
De 1 h. 1/2 à 5 h. 1/2	De 1 h. 1/2 à 3 h. 1/2

PARIS — 1900

IMPRIMERIE MAULDE & RENOU

MAULDE, DOUMENC & Cie

IMPRIMEURS DE LA COMPAGNIE DES COMMISSAIRES-PRISEURS

Rue de Rivoli, 144 — Paris

CATALOGUE

DES

AQUARELLES & DESSINS

PAR

F. ROPS

COMPOSANT

LA COLLECTION R...

DONT LA VENTE AUX ENCHÈRES PUBLIQUES

AURA LIEU

Hôtel des Commissaires-Priseurs, rue Drouot, 9

SALLE N° 7

Le Mercredi 7 Mars 1900

A TROIS HEURES ET DEMIE

Me Maurice DELESTRE, Commissaire-Priseur

Rue Saint-Georges, 5

Assisté de **M. L. MOLINE**, Expert

Rue Laffitte, 20

EXPOSITIONS

PARTICULIÈRE	PUBLIQUE
Le Mardi 6 Mars	Le Mercredi 7 Mars
De 1 h. 1/2 à 5 h. 1/2	De 1 h. 1/2 à 3 h. 1/2

PARIS — 1900

CONDITIONS DE LA VENTE

Elle sera faite au comptant.

Les Acquéreurs paieront CINQ POUR CENT en sus des adjudications.

MAULDE, DOUMENC et Cie, imp. de la Cie des Commissaires-Priseurs.
rue de Rivoli 144.   1030—871 84

DÉSIGNATION

1 — *Foire de Gand.*

Une femme en bonnet blanc, chaussée de sabots, assise de profil à droite, allaite son enfant.

A gauche, un tambour renversé supportant une cafetière et une tasse.

Crayon noir.

Signé et daté 1874.

H. 0^{m}25. L. 0^{m}18.

2 — *Femme à l'Éventail.*

Une femme décolletée, coiffée d'un petit chapeau gris, de profil perdu à gauche, appuyée sur un entablement.

Ses cheveux tombent sur ses épaules.

Elle porte un corsage marron à fleurs avec de grandes manches à crevé blanc et une jupe noire rayée.

Dans la main gauche un éventail.

Dessin au crayon et à la plume rehaussé d'aquarelle et de crayon couleur.

Signé et daté : Paris, 1876.

H. 0m19 L. 0m14.

3 — *Parisine*.

Une jeune femme blonde, les cheveux très relevés par derrière, coiffée d'une petite toque, de profil à gauche, s'abrite avec un éventail japonais qu'elle soulève de la main droite.

Elle est vêtue d'un corsage décolleté, jaune, orné de dentelle noire.

Figure à mi-jambes.

A été gravé sous le titre ci-dessus dans l'album Cadart.

Plume et crayon rehaussé d'aquarelle.

Signé et daté Trouville 76.

H. 0m21. L. 0m16.

4 — *Les Coulisses du Cirque.*

Dans une atmosphère très limpide et détachés sur un fond bleu-clair, onze personnages bizarrement costumés.

Au centre, une femme en simple maillot, de face, sur son trapèze, reçoit les instructions d'un régisseur vêtu d'un veston avec perruque à pompons de trois-quarts à gauche, tenant un drapeau plié dans la main.

Une danseuse jaune renoue son soulier sur un tabouret.

A gauche, deux femmes debout causent, l'une maillottée, l'autre corsetée et troussée dans une jupe rouge.

A droite, un mousquetaire mélancolique tenant une brochure à la main.

Au fond, sur la corniche d'un portant, un petit Amour est perché.

Enfin, causant avec une ballerine drapée dans un châle, pontifie un littérateur chevelu...

Aquarelle.

Signée et datée: Foire de Neuilly, 76.

H. 0m26. L. 0m38.

5 — *Rêverie virginale.*

A quoi rêvent les jeunes filles qui (telle celle-ci), debout au seuil de la couchette chaste, les bras relevés derrière le cou, les yeux perdus, rêvent ?

Seul pourrait le dire l'esprit ailé, souple, câlin, charmeur, qui l'enveloppe de sa féminine caresse, mais si légèrement qu'elle ne le sent pas écarter sournoisement les derniers voiles, gardiens vaincus de sa pudeur en détresse.

Crayon noir rehaussé d'aquarelle et de pastel.

Signé.

H. 0^m34. L. 0^m24.

3.

6 — *La Femme au Trapèze.*

Une femme debout, de profil et la tête de face, chaussée de hautes bottines, se tient accoudée des deux bras sur un trapèze.

Elle se détache sur une toile de fond noire, à droite retombe un rideau. Du même côté, devant le rideau, une grosse caisse surmontée de cymbales est posée à terre avec son battant.

Dessin au crayon noir.

Signé F. R. 75.

H. 0m21. L. 0m13

7 — *Fantaisie pour Violoncelle.*

Un violoncelliste est représenté en des attitudes différentes exprimant les degrés de sa passion dans l'exécution des morceaux que l'artiste a copiés au-dessus de chaque geste du musicien.

A la sixième phase celui-ci trouve la mort, pendu à une corde de son instrument qui a pris la forme d'un cercueil.

Dessin à la plume.

Signé et daté Bruges 71.

H. 0^{m}3o L. 0^{m}45.

8 — *L'Oliviérade.*

Une brune et robuste fille de
Monaco, debout, de trois quarts à
gauche, portant un costume sévère de
paysanne, soutient de la main gauche,
sur ses épaules, un panier plat. Elle
se détache sur un fond d'oliviers
séculaires. A gauche, au troisième
plan, une de ses compagnes agenouil-
lées, ramasse des fruits dans une
corbeille.

Dessin au crayon noir.

Signé et daté Monte-Carlo, 76

H. 0m36. L. 0m24

9 — *Le Train des Maris.*

C'est celui qui, pendant la saison des bains de mer, hebdomairement, enlève et ramène les pauvres époux, dont les jeunes moitiés se divertissent sur les plages.

L'ironie de l'artiste en a immortalisé la physiologie dans ce spirituel dessin en forme de cartouche.

En haut, soutenue par la vague, flotte mollement une jeune et ferme naïade faisant « la planche ». D'une main, elle élève une banderolle où on lit : « A la mer, l'état civil reconnaissant. » A côté, un train fantastique se déroule à toute vapeur, traîné par une locomotive à face humaine dont la cheminée se divise en double corne !

A gauche, *L'Hymen* s'érige en statuette suggestive d'un amour gros, gras, court, coiffé d'un bonnet de coton enrichi d'andouillers, ceint de l'arc et d'un carquois bureaucratique, tenant en laisse un chien triste.

A droite, deux jeunes filles échangent des confidences si intéressantes qu'elles oublient de clore leur léger vêtement dont s'entrouvrent opportunément les plis aux endroits les plus secrets.

En bas, derrière un vaste « *massacre* » de cerf, les époux s'embrassent avant le départ du Train des maris !

Dessin à la plume et à la mine de plomb.

Signé et daté de 1876.

H. 0^m29. L. 0^m41.

10 — *Portrait.*

C'est celui d'une femme encore jeune, vue à mi-corps, de face.

Elle est coiffée d'un vaste chapeau dit : cabriolet.

Son corsage uni, décolleté en pointe, porte des manches à gigot.

Un châle drapé en écharpe sur son épaule gauche.

Crayon noir.

Dédicace de F. Rops à son ami Delvau.

H. 0^m53. L. 0^m40.

11 — *Le Coffret.*

Dans la chambrette pauvre et chaste
encore, le vice a pénétré.

Surprise à l'heure du repos, à demi
dévêtue, une jeune fille debout, de
dos, contemple un écrin que vient
de lui glisser la vieille sempiternelle
grimaçante à sa droite.

Au fond, dans l'entrebâillement
d'une porte, un « Monsieur » attend
le résultat de l'ambassade.

Très beau dessin terminé au crayon
noir.

Signé.

H. 0^m39. L. 0^m30.

12 — *La Lecture du Grand Albert.*

Nue, comme il sied pour les Sata-
niques entreprises, mais bottée de
ses bas rayés bleus, la jeune sorcière,
debout, presque de dos, à cheval sur
le rituel manche à balai, consulte une
dernière fois le classique bréviaire du
Sabbat.

Énorme, le livre est supporté par
un solide pupitre. A la page lue, en
manière de vignette, un ébattement
comique de diables et diablesses.
On y lit : « … Au Sabbat… démons
« incubes… Si d'aventure… pucelle
« ou… Pour lors se dévêtira et…
« califournichant dessus son boulleau,
« sentira joye en sa fressure et…
« naturelle. A mitant ou mynuit clo-
« chant, sera desportée en lieu de
« délyces inclyte puissance diabo-
« lique mêlée sera faite aux farfeudets,
« aux fils de Belzébuth, egyptians

« satyriaques, zingares, lesquels y sont
« issus d'Asmodeus et aultres gens
« très-raillards, beuveurs d'amou-
« reuse accointance et bombanciers,
« fols lesquels feront à icelle... »

Sous le pupitre, à terre, un singe
accroupi élève une grimace concupis-
cente vers... le ciel.

Dessin rehaussé d'aquarelle et de
crayon de couleur d'une exécution
très poussée. La facture du livre est
particulièrement remarquable.

Signé.

H. 0^m42. L. 0^m30.

13 — *Un Café au Ridyck.*

Le bon jeune homme a sa cuite ! Au pied du comptoir, assis de face, les jambes écartées, sur le classique canapé de velours grenat, il s'écroule dans les bras d'une grosse, mûre et largement décolletée compagne. Son geste las tire de son gousset le dernier louis quémandé par la donzelle, sans que sa langue pâteuse puisse discuter l'ultime carotte patiemment tirée.

Au-dessus, traînant derrière le marbre encombré de fioles, de verres et de fleurs, la patronne somnole, tandis que l'œil vigilant du « maître » observe si le client est « à point » pour l'expulsion définitive qui doit couronner la carrière du pochard encombrant et... à sec !

Au fond, à droite, une femme en chemise, de dos, cause avec un monsieur grave et bien mis...

Magnifique dessin au crayon noir rehaussé d'aquarelle, de la plus belle qualité du maître, vers 1876.

Signé.

H. 0^m31. L. 0^m44.

14 — *L'Atrapade.*

Descendant les dernières marches du grand escalier de la Maison Dorée une femme en robe rose, décolletée, se retourne pour apostropher une bande de fêtards groupés sur le palier supérieur.

Les autres lui répondent du même ton. Les têtes se penchent en des mouvements ironiques et les poings se tendent menaçants.

Les garçons rigolent!

Sur le fond verdâtre se détachent des toilettes tapageuses, grise, bleue, verte et bleu de ciel.

Aquarelle.

Signée et datée Paris, janvier 1877.

H. 0^m68. L. 0^m48.

15 — *La Saisie.*

Très indifférente à ce qui va se passer, dans un boudoir élégant, une jeune femme en peignoir rose, assise de trois-quarts à gauche, est occupée à se faire les ongles.

A peine elle se dérange pour jeter quelques renseignements à l'honorable officier ministériel, correctement vêtu de l'habit noir, serviette sous le bras, chapeau à la main, qui, d'un geste à la fois subtil et embarrassé cherche à justifier sa tâche pénible.

Derrière elle, impassible, adossé à la toilette, un jeune homme blond, élégant et... trop joli!

A gauche, une jardinière avec une grande plante verte. Au fond, une potiche bleue.

Une des aquarelles les plus considérables du maître.

Signée et datée de 1877.

H. 0^{m}61. L. 0^{m}78.

16 — *Maison close.*

Les matelots s'amusent!

Fraîchement débarqués après la traversée longue, les voici qui dépensent l'argent et les juvéniles énergies forcément épargnés.

Au premier plan, sur un canapé brun, une femme dépoitraillée, coiffée d'un melon gris, écoute les galanteries d'un nègre qui, derrière elle, soulève son opulente chevelure. A gauche, un camarade émêché, de profil, trinque à la cantonnade. A côté, un couple s'embrasse. A droite, un bras nu de femme élève une bouteille.

Crayon noir rehaussé d'aquarelle et de pastel.

Signé et daté 1875.

H. 0^{m}43. L. 0^{m}30.

17 — *La Femme au Pantin.*

La femme est blonde et grasse, élégamment vêtue, suivant la mode de son temps, d'une robe rayée rouge et blanc, serrée par une écharpe jaune.

Debout, les seins nus, nonchalamment accoudée sur une console de marbre soutenue par un faune de bronze vert, elle regarde, assis dans sa main gauche, le « pantin », coiffé d'un haut de forme gris pulcinellesque, fantochard et flapi qui résume, à ses yeux, l'homme !

Sa main droite tient un éventail.

Sur le socle, un bas-relief de personnages variés cherchant... quelque chose, avec la suscription : « Ubi mulier ? »

Dans le fond, un sphinx accroupi.

Crayon, aquarelle et pastel.

Signé et daté 1877.

H. 0^m58. L. 0^m40.

18 — *La Buveuse d'Absinthe.*

Debout, de face, une femme blonde au visage ravagé, aux yeux perdus, se tient adossée à un pilier rouge et jaune.

Elle est vêtue d'une robe à fleurs et d'une écharpe d'un jaune verdâtre.

« C'est, disait Rops, une femme du « Rat Mort » qui donnait des leçons de phtisie amusante ! »

Dans sa main gauche, un éventail.

Aquarelle.

Signé et daté 1876.

H. 0^m41. L. 0^m26

19 — *La Peine de Mort.*

L'échafaud est dressé, l'aube nais-
sante éclaire la sinistre lame ; la Veuve
agenouillée, vêtue d'une étoffe noire,
les bras nus tordus, crispant sa chevelure défaite, jette vers le ciel une
plainte désespérée. Au pied de l'échafaud, les têtes des décapités émergent
d'un suaire blanc.

Très beau dessin au crayon noir.

Signé.

H. 0^{m}40. L. 028^m.

20 — *Dernier Émoi.*

Un coin de rivière ombragé, paisible et lumineux. Dans une anse propice au mystère du déshabillage, deux jeunes canotières ont amarré leur barque. L'une, déjà revêtue d'un maillot bleu, debout de dos, fait un premier pas dans l'eau. Sa camarade, une blonde fauve, assise dans l'herbe, épaules nues, mais encore corsetée, quitte ses chaussures en un geste familier qui découvre ses jambes un peu plus haut que ses bas rouges.

Fête des yeux ! poignante émotion ! tentation superflue pour le vieux, respectable et correct pêcheur à la ligne, qui, caché au milieu des grands arbres, tombe en arrêt devant ces sirènes imprévues substituées par le hasard au goujon poursuivi......

Sa canne en tremble et ses jambes flageolent !

Jolie peinture, d'une exécution légère, fine et nacrée.

Signée et datée 1876.

Panneau.

H. 0^m42. L. 0^m64.

21 — *Hallali.*

Dessin très mouvementé représen-
tant les péripéties d'une chasse à
courre.

La plus grande partie de ce dessin
est terminée à la plume, une faible
partie au crayon.

Signé.

H. 0^m28. L. 0^m42.

ESTAMPES ENCADRÉES